heme reat an

글쓴이 박종길
1986년 희곡 〈성인과 걸인〉으로 삼성문예상을 수상하면서 집필 활동을 시작했습니다. 작품으로 장편 동화 〈노래하는 인형〉, 드라마 〈옐로카드를 받은 남자〉, 산문집 〈우리를 행복하게 하는 것들〉 등과 인터넷 세대를 위한 프로그램 〈친구야 생각이 몇 살이니?〉 등이 있습니다.

그린이 김순금
한국출판미술가협회 및 어린이문화진흥회 회원으로 프리랜스 일러스트레이터입니다. 1989년 한국관광공사 풍경화 공모전에 입상했고, 제22회 일본 동경 미술전에 출품했습니다. 동화책의 그림을 주로 그렸으며, 사보와 잡지에도 많은 그림을 실었습니다.

펴낸이 김준석 **펴낸곳** 교연미디어 **편집 책임** 이영규 **리라이팅** 이주혜 **디자인** 이유나 **출판등록** 제2022-000080호 **발행일** 2023년 2월 15일
주소 서울시 관악구 법원단지 16길 18 B동 304호(신림동) **전화** 010-2002-1570 **팩스** 050-4079-1570 **이메일** gyoyeonmedia@naver.com

*이 책에 실린 글과 그림의 무단 복제 및 전재를 금합니다.

【산업의 혁신과 미래 비전을 제시한 위인들】

석주명

-나비 이야기-

박종길 글 | 김순금 그림

대한민국

GYOYEON MEDIA

넓고 넓은 꽃밭.
*형형색색의 꽃들은 제각기 아름다운 모습과
달콤한 향기로 곤충들을 *유혹했어요.
'웽웽웽' 꿀벌도, '팔랑팔랑' 나비도
꽃을 찾아 모여들었지요.
그리고 살금살금 걸어오는 한 사람의 모습도 보였어요.
바로 곤충학자 석주명이랍니다.

*형형색색은 모양이나 빛깔이 서로 다른 여러 가지를 말해요.
*유혹은 꾀어서 이끄는 거예요.

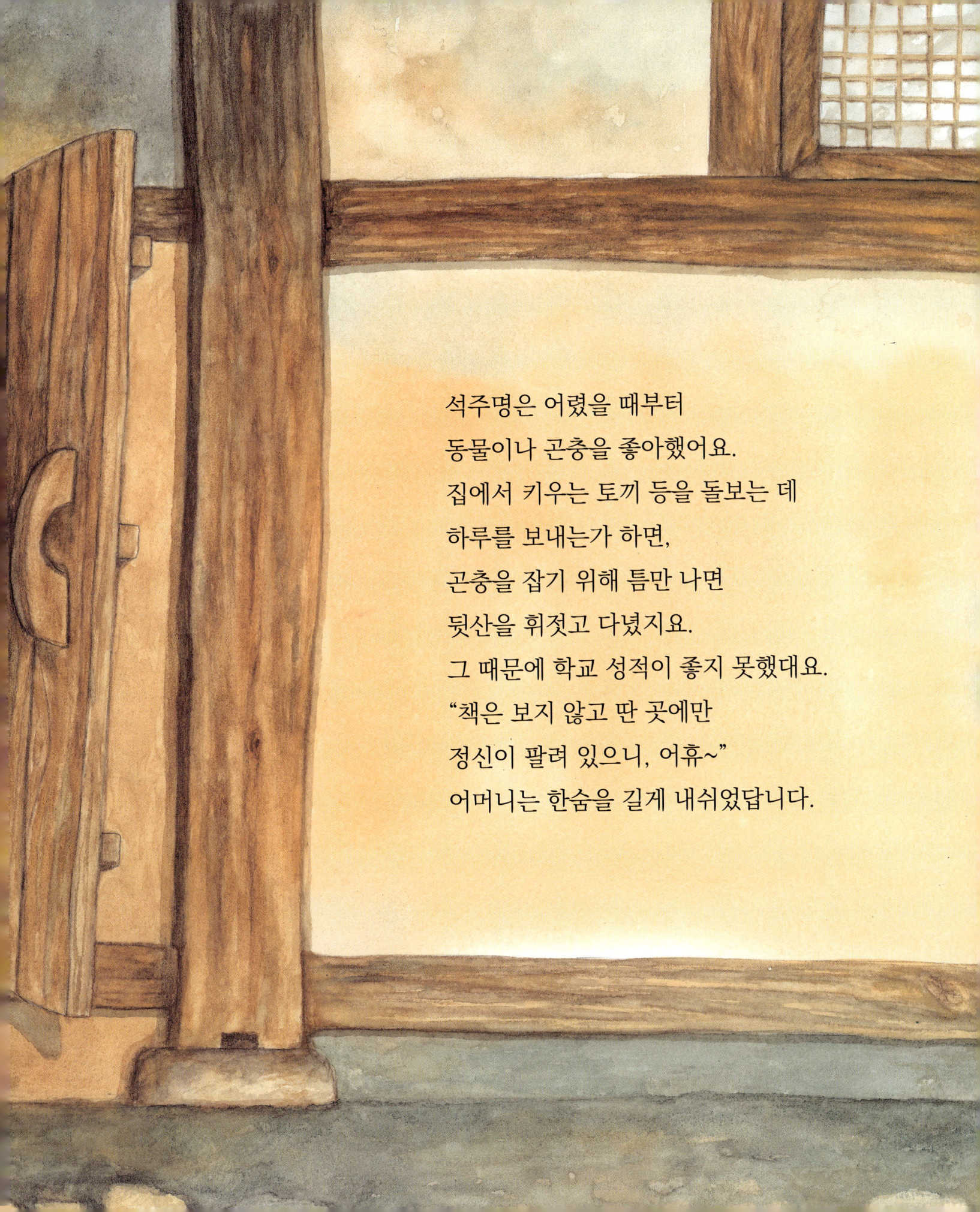

석주명은 어렸을 때부터
동물이나 곤충을 좋아했어요.
집에서 키우는 토끼 등을 돌보는 데
하루를 보내는가 하면,
곤충을 잡기 위해 틈만 나면
뒷산을 휘젓고 다녔지요.
그 때문에 학교 성적이 좋지 못했대요.
"책은 보지 않고 딴 곳에만
정신이 팔려 있으니, 어휴~"
어머니는 한숨을 길게 내쉬었답니다.

개성에 있는 송도고등보통학교에 다닐 때는
음악에 빠져 공부를 게을리했어요.
"아이쿠! 주명이 너 이러다 *낙제하겠다."
친구들도 석주명을 걱정할 정도였지요.
그제야 석주명은 공부에 전념하기 시작했답니다.

*낙제는 성적이 일정한 기준에 이르지 못해 진학이나 진급을 하지 못하는 거예요.

석주명의 어머니는 아이들의 교육을 위해서라면
당시에는 구경하기도 힘들었던 *타자기를
구해다 줄 정도로 정성을 다했어요.

석주명은 어머니의 은혜에 보답하기 위해
더욱 열심히 공부했어요.
그 결과, 일본 최고의 농업 전문 학교인
가고시마 고등농림학교에 들어갔답니다.

타자기
타자기는 자모와 부호,
숫자 따위가 쓰여 있는
키를 눌러 종이 위에
글자를 찍는 기계예요.

어느덧 졸업을 앞둔 석주명은 지도 교수였던
오카지마 긴지를 찾아갔어요.
"교수님, 저는 앞으로 어떤 학자가 되면 좋을까요?"
"자네는 *한반도 출신이니, 고향으로 돌아가
한반도에 사는 나비를 연구해 보면 어떻겠나?"
평소 석주명을 아꼈던 오카지마 긴지는
진심 어린 *조언을 해 주었어요.

*반도는 삼면이 바다로 둘러싸이고 한 면은 육지에 연결된 땅으로,
 한반도는 우리나라의 남한과 북한을 지리적인 특성으로 묶어
 이르는 말이에요.
*조언은 도움이 되도록 말로 거들거나 깨우쳐 주는 거예요.

석주명은 오카지마 긴지의 조언을 받아들여
우리나라로 돌아왔어요.
그리고 학교에서 선생님으로 일하며
한반도의 나비에 대해 연구하기 시작했답니다.

"와! 저기
나비 박사님 지나가신다!"

매일매일 기다란 채를 들고
나비를 잡으러 다니는 석주명을 보고
사람들은 이렇게 말하곤 했대요.

밤낮으로 나비 연구에 힘쓴 석주명은
'개체변이에 따른 분포곡선 이론'을 만들어냈어요.
"나비는 같은 *종류라고 해도 성, 계절 등에 따라
몸의 크기와 무늬가 달라. 그러니까 무늬와 색상만으로
다른 종류라고 판단하는 것은 맞지 않아."
석주명의 이론은 세계적으로 인정받았고,
석주명은 세계나비학회의 회원이 되었답니다.

*종류는 일정한 특질에 따라 나뉘어지는 갈래예요.

석주명은 나비들과 더욱 가까워지기 위해
한 마리 한 마리마다 이름을 붙여 주었어요.
"이 나비는 마치 굴뚝처럼 까맣구나.
지금부터 네 이름은 굴뚝나비다."
"네 무늬는 아이들의 장신구인 부전과 같구나.
이제 너는 부전나비란다."
이 밖에도 봄처녀나비, 유리창나비, *배추흰나비 등
나비들의 특징에 꼭 맞는 이름이 붙여졌답니다.

배추흰나비
배추흰나비는 날개가 흰 나비로, 애벌레 시절
배추를 먹는다 하여 붙여진 이름이래요.

1943년, 석주명은 *제주도로 향했어요.
서귀포의 경성제국대학 생약연구소
제주도 시험장에서 일을 하게 된 거예요.
"제주도에는 신기한 곤충들이 많이 살고 있겠지?"
석주명은 새로운 곤충들을 만날 기대감에 부풀어 올랐어요.
석주명은 제주도에서 지내며 곤충은 물론,
*방언을 비롯한 제주도의 모든 것에 대해 연구하였어요.
그래서 '제주도학(濟州島學)의 *선구자'로 불렸답니다.

*방언은 표준어와는 다른, 어떤 지역에서만 쓰이는 특유한 언어예요.
*선구자는 어떤 일에 있어 그 시대의 다른 사람보다 앞선 사람이에요.

제주도의 성산일출봉
제주도는 한라산, 성산일출봉, 거문오름 등의 신비한 자연과 희귀한 동식물이 많아 학술적 가치가 높은 곳이랍니다.

"우르릉 콰쾅!"
1950년, 북한이 남한을 침략했어요.
6·25전쟁이 일어난 거예요.
그 와중에 국립과학관이 폭탄을 맞고 말았어요.
국립과학관에 보관되어 있던 석주명의 나비 *표본도
불에 타 잿더미가 되어 버렸지요.
"오! 안 돼! 안 돼!"
석주명은 큰 충격을 받았답니다.

*표본은 생물의 몸에 적당한 처리를 하여 원형대로 보존할 수 있게 만든 것이에요.

일생을 쏟아부어 만들었던 나비 표본을 잃게 된
석주명은 한동안 *실의에 빠져 지냈어요.
그러다가 길거리에서 *시비에 휘말려
*어처구니없는 죽음을 맞이하고 말았지요.
이후 1973년, 석주명의 누이동생 석주선은
석주명이 모은 자료로《한국산 접류 분포도》를
발간함으로써 나비박사 석주명의 뜻을 이었답니다.

*실의는 어떤 일을 행하고자 하는 의지나 욕구를 잃어버리는 거예요.
*시비는 옳으니 그르니 하는 말다툼이에요.
*어처구니없다는 뜻밖이어서 기가 막힘을 이르는 말이에요.

석주명 따라잡기

1908년	평양에서 태어났어요.
1921년	숭실고등보통학교, 송도고등보통학교에 다녔어요.
1927년	경북 대구 고등농림학교를 졸업했어요.
1929년	일본 최고의 농업 전문 학교인 가고시마 고등농림학교를 졸업했어요.
1931년	송도고등보통학교에서 교사로 일했어요.
	한반도의 나비에 대한 본격적인 연구를 시작하여 '개체변이에 따른 분포곡선 이론'을 발표했어요.
1940년	《조선산 접류 총목록》을 통해 한국의 나비는 248종이라고 바로잡았어요.
1943년	서귀포에 있는 경성제국대학 생약연구소 제주도 시험장에서 근무했어요.
1945년	국립과학박물관 동물학부장으로 일했어요.
1947년	한국산악회의 독도 학술 조사에 참가하였어요.
	《조선 나비 이름의 유래기》를 펴냈어요.
1950년	국립과학관이 폭격을 맞아 나비 표본이 잿더미가 되고 말았어요.
	술에 취한 사람이 쏜 총에 맞아 죽었어요.

석주명

연관검색

팔랑팔랑 나비는 어떤 곤충일까?

석주명이 이름을 붙인 부전나비

나비는 순우리말로, 한자어로는 '호접(蝴蝶)'이라고도 불려요. 앞과 뒤 각 1쌍의 날개와 빨대 모양의 입을 가지고 있으며, 더듬이는 마치 곤봉처럼 생겼답니다. 알·유충·번데기·성충의 네 단계를 지나 비로소 하늘을 날아다니는 나비가 되지요. 유충인 상태에서 식물의 성장을 방해하는 진딧물을 먹어치워 우리에게 도움을 주는 착한 곤충이랍니다. 나비는 예부터 이야기, 그림, 시 등의 소재로도 많이 등장하였어요. 《삼국유사》에 의하면, 신라의 선덕여왕은 당나라 태종이 보낸 모란 그림에 나비가 없는 것을 보고 그 꽃에 향기가 없다는 사실을 알아내기도 했대요.

식물의 성장을 방해하는 진딧물

가자! 나비 축제의 현장으로~

함평나비축제의 전시관
(출처:울진군청)

전라남도 함평군에서는 나비를 테마로 한 축제가 열리고 있어요. 또한 자연생태공원에서는 나비를 비롯한 곤충, 꽃, 난초 등 사계절 내내 자연 탐방 학습을 즐길 수 있답니다.

석주명이 사랑한 제주도는 어떤 섬일까?

유채꽃이 펼쳐진 제주도

제주도는 화산 활동으로 형성된 우리나라의 섬이에요. 한라산, 성산일출봉, 천지연 폭포, 만장굴 등 아름답고 신비한 자연 환경으로 유명한 제주도는 유네스코 세계자연유산에도 이름이 올라 있답니다.

PHOTO ALBUM

석주명

친지들과 함께한 석주명

만돌린을 연주하고 있는 소년 시절의 석주명

석주명의 가족(아내와 딸)

누이동생 석주선과 함께한 석주명

송도고보 시절의 석주명

석주명이 이름을 붙인 지리산 팔랑나비

석주명이 쓴 《조선 나비 이름의 유래기》

석주명 사진첩

나비 표본 상자 옆에 서 있는 석주명

송도고보에서 학생들을 가르치고 있는 석주명

국토구명학술탐험대 시절 동료들과 함께한 석주명

학생들과 수학여행을 간 석주명

실험에 몰두하고 있는 석주명

석주명이 근무했던 제주도 서귀포의 옛 경성제국대학 부설 생약연구소 시험장